ソーシャル時代の新貨幣である
「影響力」と「信用」を集める方法

ハッタリの流儀

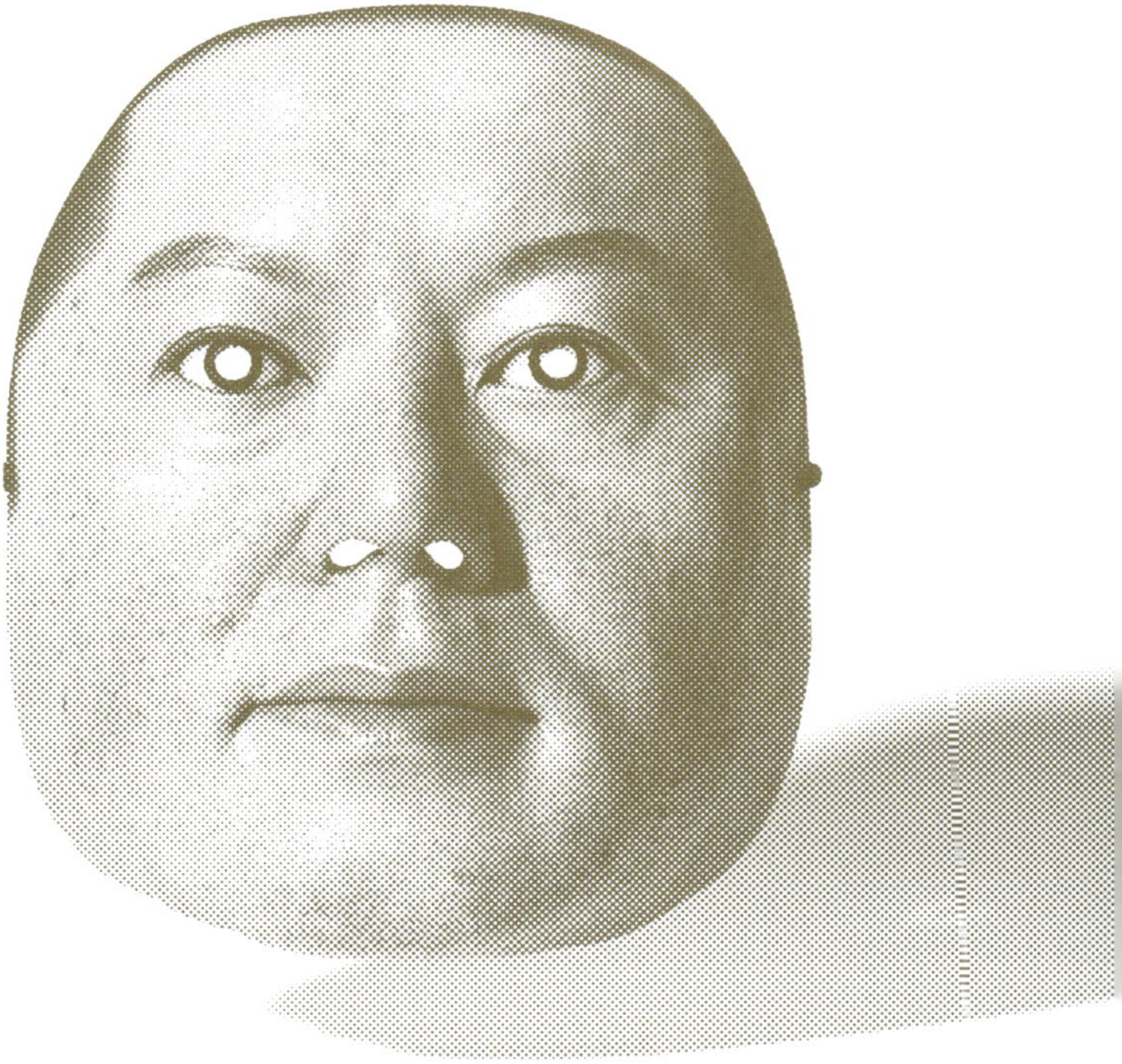

堀江貴文

NEWS PICKS × GENTOSHA 幻冬舎

NEWSPICKS BOOK

ハッタリの流儀

ソーシャル時代の新貨幣である「影響力」と「信用」を集める方法

はじめに　挑戦そのものが人と金を魅了する

二年前、『多動力』という本を出版した。この本は三〇万部超えのベストセラーになった。「とにかく動く」「手当たり次第やってみる」という内容だ。

『多動力』をきっかけに、行動力に溢れた読者がたくさん誕生したことは嬉しい。

しかし、そんな多動力を身にまとった読者のみんなを見ていて気づいたことがある。多動力を生かして一気に突き抜ける人と、逆にあれもこれもと手を出した結果、器用貧乏になり、小さくまとまってしまう人がいるのだ。

では、何がこの二つを分けるのか。

それが「ハッタリの力」だ。

『多動力』では「自分のやりたいこと、ワクワクすることを、手当たり次第始めよう」「とにかく動け」ということを書いた。

もちろん、それはとても大事なことに違いないのだが、動いても動いても、なかなか成果の出ない人というのがいる。

そういった人に足りないのが、「大きくハッタリをかますこと」なのである。

ちょこちょこっと企画して、いろいろなことを小さくやるだけの人は、なかなか頭一つ抜きん出ることができない。

自分のできる範囲でしか挑戦しないなんて、生真面目すぎるんじゃないか？　ビビりすぎているんじゃないか？

人は夢を見たい生き物なのだ。大事なのは「そんなことできないでしょ」と思うようなハッタリを大きくかまして、周りからの注目を一気に集めることだ。

そうした「ハッタリ人間」が、結果的に突き抜けていく。

世の中、ハッタリをかました者勝ちなのである。

ズルいと思うだろうか？　卑怯だと考えるだろうか？

確かにハッタリ力を使って、短期間のうちに一気に突き抜ける人は、ある種、周囲が築き上げた「虚像」に乗っているような時期がある。

「何だかよくわからないけど、あの人、勢いあるよね……」という。

「波に乗っていること」と「実力が急速に上昇していること」がイコールであるとは限らない。

世間の評価に自分の実力が追いつくのには時間差がある。だから実力の変化より先に、評判が評判を呼び、「虚像」が肥大化することで大きな波が起きていることも多い。どこかでバランスを崩せば口だけの大馬鹿野郎になってしまう。

怖いと思うだろうか？　足がすくむだろうか？

多くの人は身の丈に合わない波に溺れることを怖がり退散する。足がつく安全な浅場で水遊びをする。

しかし、何パーセントかの人たちはこの大きな波をギリギリ乗りこなし、次のさらなる大波にも乗っていく。周囲からの期待と注目を集め、次から次へと盛大に夢を語り、自分の株を上げていく。

思えば僕も、「時代の寵児」などと呼ばれ、随分と世間からもてはやされてきた。ライブドアを営業利益世界一にすると宣言し、プロ野球の球団やフジテレビの買収を仕掛け、しまいには選挙にも立候補した。

そこに世間が熱狂し、注目が集まり、一人の起業家・堀江貴文から、国民誰もが知るホリエモンになっていったのだ。

しかし、冷静に考えれば、別にライブドアは営業利益世界一にはなっていない。テレビ局も買っていない。球団も買っていない。選挙にも勝っていない。

そう。結果がいつもついてきているわけではない。みんなが腰を抜かすようなことを、いつも言い続け、そして踏み抜き続ける。大きくハッタリをかまし、そして、かましてしまったハッタリを実現するため、本気で勝負をし続ける。その「過程」こそが大切であって、人とお金を巻き込むというわけだ。

このところ、とても「今っぽいな」と感じていることがある。お笑いコンビ・キングコングの西野亮廣さんや、本書の編集者でもある箕輪厚介くんが、オンラインサロンなどで、大きな遠い旗を立て、そこに挑戦する様を見せていることだ。

「挑戦ビジネス」というか「ハッタリビジネス」というか、夢を掲げて、そこに挑むストーリー。それがすっかりエンターテインメントになっているのだ。

西野さんの場合、美術館を建てるために数億円の借金をぶち上げるとか。

箕輪くんなら紅白を目指して歌手デビューを果たすとか……。

無謀な挑戦そのもの自体が、コンテンツになっている。

そんな、ハッタリをぶちかましてやり抜く人が、今、圧倒的に注目を集めているのだ。

SNSで皆が自分の成功体験を投稿しまくる現代において、多くの人が、自分も大きな夢を持ちたいと思っている。挑戦したいと思っている。

しかしそうはいっても、なかなか大きな夢を見ることができない人がたくさんいる。ゆえに、「人の夢に乗っかるところから始めてみよう」と考える人も多いのだ。

だから、夢に挑戦すること自体が、成功の過程こそが、人の心を引きつける時代になっている。

だからこそ、挑んでいることに簡単に成功するようでは逆に面白くない。転んだり、血を流したりして、それでも必死にもがいている姿が面白く、そこをみんなで応援する。

クラウドファンディングにせよ、オンラインサロンにせよ、それが今、一番のエンターテインメントなのである。

そこで繰り広げられるのは、それこそ少年マンガの王道ストーリーだ。主人公がピンチに遭い、それを乗り越える。するとまたさらに大きなピンチに遭う。これを最前列で見ることができる。こういうエンターテインメントが、今、最高に熱い。

まさにいまだかつてない夢の時代だ。

大切なのは、成功するという「結果」ではない。「挑戦する様を見せること」なのである。

こんな時代を最前線で生き抜くためには「大胆かつ正しくハッタリをかます力」が必要なのである。

本書では、今まで誰も書かなかった「正しいハッタリのかまし方」について披露していきたいと思う。

僕の今のハッタリは宇宙だ。安価なロケットを宇宙に安定的に飛ばすことが夢だ。

僕はライブドア時代から宇宙に関心があった。しかし、宇宙なんて話は誰も真剣に聞いてくれない。「ロケットを飛ばしたい」なんてマンガの中のセリフのようで、誰も真剣に聞いてくれなかった。また堀江が変なこと言っている、というようなリアクションをされていた。

最初はなかなかお金も人も注目も集まらなかった。しかし至る所で言葉にし続け、夢を語り続けた。

そして二〇一九年五月、日本初となる民間単独のロケットとして宇宙空間に到達した。小さな偉大な一歩を踏み出した。ハッタリが現実に動き始めた。

ロケット開発は今からが勝負。これからもっともっとお金も注目も優秀な人材も集めないといけない。

だから僕は壮大な夢を見せ続け、挑戦することをやめない。できるだけ大きく、誰も聞いたことのないハッタリをかますのだ。

挑戦する人を笑う人がいる。揶揄して笑う人がいる。新しいことや大きなことをしようとすると、いつだって足をひっぱる人がいる。でも負けてはいけない。一億総評論家時代のように、みんながテレビの前やＳＮＳで他人のことをツッコム。だからこそ、これからの時代は「ボケ」の時代だ。「ボケ」られる人間が貴重だ。他人に「ツッコミ」ばかりしている人に熱は起こせない。周りはついてこない。

僕の本の読者ならもうわかってくれていると思う。本を読む時間自体には何の意味もない。この本から自分が行動するために必要なエッセンスだけを吸収したら、本を放り投げてすぐさま実践してほしい。

さあ、ハッタリをかまして、生きていこう。

目次

第3章 プレゼン術よりハッタリ力 76

第6章 それでもハッタリをかませない良い人な君へ

第1章

労働オワコン時代

労働はオワコン

01

ハッタリがここまで価値を持つようになったのはなぜだろうか？

それは労働がオワコンになっていくからだ。


ＡＩやロボット技術は、すさまじい勢いで発達している。これまで人間がやっていた労働は、近いうちに機械やロボットが肩代わりしてくれるようになるだろう。

身近なところでは、食器洗浄機やロボット掃除機が普及し、家事の手間は一気に省略されてきている。また、精密機器の製造などはすでに人の手を離れていて、部品作りはフルオートメーションが当たり前だ。


労働の機械化やロボット化が進むにつれ、「ＡＩに仕事が奪われる」といった話がまことしやかに語られるようになった。「仕事がなくなるのではないか」「お金を稼げなくなるかもしれない」と、将来に不安を感じている人も少なくないだろう。

しかし、心配は無用である。もし人間の仕事がロボットに取って代わられたとしても、何も問題はない。これまで人間がやってきた仕事の時間が減り、自由な時間が増えるだけの話なのだから。

今後、生活コストはますます下がっていく。生活のために必死になって働かなくても、何とかなってしまうのだ。

たとえば農業。機械化が進み、品種改良も進み、技術が格段に進歩したことによって、人の手間を減らしつつも、収穫量は大幅に伸びている。今後さらにこの傾向は進んでいくだろう。食費は今以上に安くなり、お金がなくても食うに困らなくなる。そんな未来が、目前に迫っているのだ。

テクノロジーによって、人々の仕事が失われることはない。それよりむしろ、人に新しい仕事をもたらしてくれる。ロボットのメンテナンス、ＡＩアプリ開発の仕事は、しばらくの間、慢性的に人が足りない状態になるだろう。

これは、歴史がすでに証明してくれていることなのだ。自動車が発明されたとき、馬車を操縦する御者《ぎょしゃ》が失業した一方、自動車という新たな市場と産業が興り、膨大な職が生み出された。また、近年では、IT革命によって多くの仕事がなくなると言われながらも、実際にはプログラマーをはじめとする膨大な雇用がもたらされた。
長年低成長にあえいでいたインドは、ITの力によって、今や「奇跡」と呼ばれるほどの成長を遂げつつある。その発展を牽引しているのは、それまでカーストが低く、賃金の高い職には就けなかった、最底辺にいた人々なのである。

ITの仕事は新しいため、カーストの中に規定がない。だからインドにおいて、数少ない誰にでも開かれた職業となったのだ。テクノロジーの力が、最底辺であえいでいた人たちに希望の光をもたらした事例である。

そうやってこの先、人間にとって「面倒くさい」仕事をAIやロボットが引き受けてくれるとなれば、当然、「面倒くさくなくて楽しい」仕事は増えていくはずだ。
それと同時に、お金がなくても暮らしていける社会制度と食料供給の体制も整いつつある。退屈な仕事はロボットのほうが正確に二四時間三六五日休むことなくやることができる。

退屈な仕事がなくなり時間が余る。余暇が生まれる。すると、人間は好きなこと、楽しいことをしたいと思うようになる。食っていくための労働ではなくロマンある目標を夢見たり、人の夢を応援したくなる。心が躍るエンターテインメントが中心になる。

そういう時代には、歯を食いしばって労働作業をする人よりも、お笑い芸人より狂った大ボケをかまし、マンガのような世界を実現しようとするハッタリ人間が求められる。そこに熱が生まれ、人が巻き込まれていくのだ。

「労働の時代」は荒唐無稽なハッタリなど単なるたわごとだった。そんな夢みたいな話に誰もかまっている時間がなかった。サラリーマンは朝早く満員電車で出社し、残業をこなし、終電で帰路についた。しかし、これからは膨大な余暇が生まれる。人の心を埋め、熱狂に引きずり込む感動や共感が必要なのだ。

ハッタリ人間になるためには単純労働をできるだけ捨て去り、目の前の仕事に対して「自分の内面の熱を発散できているか」「誰もやったことのない革新的な挑戦をしているか」を見ていこう。

やってみよう！
JUST DO IT

□「AIに仕事が奪われる」といった心配をするのはやめよう。テクノロジーの発展によって我々はもっと面白いことができる。

□便利になって浮いた時間で、ひたすら好きなことをしよう。

□単純作業は捨てて自分にしかできないことを徹底的に磨こう。

やらされ仕事では人と金はついてこない

02

すなわち今後、仕事というのは誰かから「引き受けるもの」から自分の内的動機に従って「作るもの」へと変貌を遂げていく。会社から与えられた単純労働や、やらされ仕事をこなしている君に、他人が喜ぶ気持ちの良いハッタリはかませない。

なぜなら、単純作業からは熱が生まれないし、「熱のないところにハッタリは立たない」からだ。

働かなくてもいいという世界においては、自分の内面から湧き出る高いモチベーションに従い、挑戦し続ける人こそが、この時代の煌《きら》めく星となるのである。

「労働」の必要性が下がると、余暇を埋める遊びを極めることが収入につながるようになる。これは別に、特別な才能を持つ一部の人に限った話ではない。誰もが「遊び」でお金を稼げるようになる。「やりたくないことを仕方なくやるのが仕事というものだ」という世間の常識は、大きく覆されることになっていく。

今二〇歳を越えている読者の皆さんなら、もうすでに学校教育やサラリーマン生活という洗脳を浴びて、「耐えること、苦しむことこそが仕事である」と思い込んでしまっているかもしれない。

しかし、周りを見渡してみるといい。僕たちが子どもの頃には存在していなかったような仕事が、すごい勢いで増えている。インターネットを使う仕事などは、ほとんどがそうだろう。

ブログを書くことで生計を立てているプロブロガー、ユーチューバー、インスタグラマー……。少し前まで存在すらしていなかった職業が耳目を集めるようになった。コンピューターの対戦ゲームは「eスポーツ」と呼ばれ、eスポーツ大会の賞金によって収入を得るプロゲーマーなども誕生した。

「コロコロオンライン」が二〇一九年五月に発表した小学生のなりたい職業ランキングは、一位ユーチューバー、二位プロゲーマー、三位ゲーム実況者だ。

「夢中で遊んだら、仕事になっていた」という人が、次々と現れ、子どもたちは未来の形に気づいている。この傾向は、今後いっそう進んでいくだろう。

遊びや趣味は仕事になる。誰だって、そのチャンスをつかむことができるのだ。

これからの時代は、労働が上手いだけの器用な人やビジネスや金儲けが得意なだけの人の価値は下がる。これらはＡＩが得意なことだからだ。機械にはできない人間らしい創造性を発揮して、とことん遊び、自分で仕事を作り出していける人だけが、熱を生み風を起こし、勝利の栄光を噛みしめることができるようになるのだ。

今、目の前の仕事に熱を持っているか？　持てていないならすぐさま捨てろ。

そして、自分が日々夢中になれる「遊び」を、少しずつでも見つけていこう。

やってみよう！
JUST DO IT

- □ 仕事は自分で作るもの。今後一切、「やらされる」という感覚を捨てよう。
- □ 働かなくてもいいという時代に入るからこそ、高いモチベーションを保ち、挑戦し続けよう。
- □ とことん遊び、そこから価値を生み出そう。

カネは、君と遊びたがっている

03

そこまで言ってもなお、「好きなことばかりしていたら、生きていけないじゃないか」、そう思う人もいるだろう。もう何年も労働という洗脳にかかっているのだから仕方がない。

しかし、よく考えてみてほしい。生きていくことは、今の時代、そこまで難しいことなのだろうか。

衣食住は、一昔前に比べたら、格段にコストがかからなくなっている。ファストファッションは充実しているし、フリマアプリなどを使えば安いものがいくらでも手に入る。先述の通り、今後どんどん食費はかからなくなっていく。住居だってシェアハウスなら格安で住むことができるし、地方へ移住すれば、それこそほとんど費用がかからない。都内でタワマンに住んで……みたいな昔からの幸せのカタチにとらわれなければ生き方は随分と自由で多様になってきた。

冷静に考えてみれば、すでにがむしゃらに働いてたくさん稼ぐ必要なんてない、ということに気づくだろう。なのに、なぜか多くの人が嫌々仕事を続けている。働かないと悪いことをしているというような思い込みがあるのだろうか。「働かざる者食うべからず」というのは一昔前の幻想だ。

お金がかからないというのは、遊びについても同様である。定額使い放題・見放題のシステムであるサブスクリプションモデルの普及によって、インターネット上で多くの映画が無料同然で公開されている。映画以外にも、マンガやゲーム、音楽など、格安で楽しめるエンターテインメントがいくらでも転がっている。

さらに、にわかには信じられないかもしれないが、あるところにはお金が大量に余っているのだ。ベンチャー企業が一〇億円を超える額の資金を調達したというニュースや、現代アートが何億円もの金額で落札される報道を、よく目にしているはずだ。これは、お金が余っていることの確たる証拠である。

今、多くの投資家は「カネ余り」に直面している。とても自分たちで使い切れる額ではないので、いいアイデアやアートなど唯一無二のものさえあれば、すぐさまそこに投資したいと待ち構えているのである。

そしてこの流れは、テクノロジーの進化によって、もっと身近なところにも起こってきた。

プロジェクトごとに不特定多数の人から少額の出資を集めることで事業をスタートさせるクラウドファンディングやオンラインサロンといった、アイデアや志を持っている人とお金を持っている人、応援したい人をマッチングしてくれるプラットフォームが、でき始めたことで、個人でもすぐにお金が集まるようになってきた。

今や手元に資金がなかったとしても、あなたに唯一無二の可能性や面白さがあると思われた瞬間、ノリでお金が集まる時代なのだ。

少し前の時代は周囲数人にしか自分のアイデアやキャラクターをアピールするこ

とはできなかった。しかし、今はSNSによって全世界に発信することができる。

お金はあるところにはある。だから、相対的にお金の価値は下がり、唯一無二のアイデア、アート、人間性、挑戦などの価値が上がる。起業家の家入一真さんが作った「ポルカ」というアプリでは、財布をなくしたから助けて！　旅行代がないからちょうだい！　と言うと、友達が数百円ずつ支援したりする。

お金の流れはかつてと比べて驚くほど、なめらかになってきている。

お金は君と遊びたがっている。

君のハッタリに、聞いたこともないような魅力があれば、お金は集まる。もはやお金が理由で実現できないことはない。

やってみよう！
JUST DO IT

- □ お金の価値は下がり唯一無二のモノ・コトの価値が上がっている。オンリーワンになろう。
- □ やりたいことがあるなら、行き場がなくダブついているお金を自分の元に集めよう。クラウドファンディングやオンラインサロン、やり方はいくらでもある。
- □ お金の心配なんて後回し。まずは「これやりたい！」と声をあげよう。

第2章

ボケの時代

損得を考えない ボケが応援される

04

労働オワコン時代、どのようにお金や人を集めるか。

時間を持て余している「大衆」を、社会にダブついた「お金」を、自分のところに集める方法。それはカンタン。好きなことに「損得抜きにして」没入することである。皮肉だが利害を考えて、人や小銭を集めようとするケチな人間には人もお金も集まらない。

「好きなだけではやっていけない」と反論する人もいる。ところがどっこい、好きなことをやらなければ生きていきにくいのが、今の時代。

思えば、僕には昔から、「生きていくために働く」「食べるために稼ぐ」という発想が全くなかった。好きなことと仕事の間に、境界がそもそも存在しない。

遊びにハマって、とことん楽しむ。そうこうしているうちに、気づけば多くのビジネスが生まれてきた。しかし最初から、これがいくら儲かるだとか、フォロワーが集まるだとかみみっちいことを考えてはいない。

僕にとって、真剣に遊ぶことと真剣に仕事をすることには、何ら違いがない。遊び尽くしたその先に、もっと楽しい遊び（あるいは仕事）が待っている。そのことを、僕は知っているからだ。

僕は、美味しいものを食べるのが大好きだ。美食を突き詰めた結果、世界中のグルメ情報が手に入り、グルメアプリ「ＴＥＲＩＹＡＫＩ」を生み出した。また、僕はマンガも大好きで、面白い作品をたくさん知っている。それを元に立ち上げたのが、レビューサイト「マンガＨＯＮＺ」である。

大好きで、楽しんで、ハマった先に、結果的に新しいビジネスを見つけることができる。仕事でも趣味でも何でもいい。まずは、徹底的に何かにハマることだ。気の向くままに好きなことにハマっていると、君にしか持ち得ない唯一無二の感覚が備わってくる。それがいずれ思いがけないことにつながっていく。ハマっている最中に、「この知識はいずれ何かの役に立つだろう」などとは思っていない。ただただ、目の前のことに夢中になっているだけである。

そもそも、今後を見据えてあらかじめ何かにハマっておくなんて、そんな器用な真似ができるわけがない。とりあえず今は、目の前の本当に興味のあることにハマりまくる。後からその点をつなぎ合わせ、線にしていくことしかできないのだ。

それこそ、スティーブ・ジョブズがスタンフォード大学卒業式のスピーチで語った「点と点が後から見たらつながっていた」と同じことである。

あなたに好きなゲームがあったとしたら、その面白さを理屈っぽく説明するよりも、寝ても覚めてもそのゲームをやりまくっているほうがいい。周りの人は次第に、どれほどそのゲームが面白いのか気になって集まってくる。

クラウドファンディングをやってもオンラインサロンをやっても人が集まらないと言う人もいる。誰だって最初はそうだ。周りに支援してくれ！　と頼んでも仕方がない。最初は一人黙々と、自分がただハマることこそが大切なのだ。周りの目など関係なく、世間に背中を向けながら一人でハマること。

この人「バカなくらい夢中だな」「お金のこと考えないけれど大丈夫かな」という人に逆説的にお金が集まるのだ。

この人と一緒にいればどれほどの達成ができるか。それが読めてしまう人はつまらない。後先考えずに、全力でボケている人が最強なのだ。

損得なんか考えずに、好きなことにバカ丸出しで頭から突っ込もう。

その熱が本物なら、金と人は付いてくる。

やってみよう！
JUST DO IT

□ まずは一人でも好きなことに徹底的にハマろう。

□ 遊び尽くした先に、もっと楽しい遊びが待っている。世界を遊び尽くせ！

□ お金を考えないから、お金が集まる。バカ丸出しで全力でボケよう。

スライムを作って億万長者

05

損得ばかり考えている人には、皮肉なことに人も金も集まらない。目の前のことに夢中になり、バカ丸出しでフルスイングしている「ボケ」の人に、人と金は付いてくる。ボケ最強の時代は、使われる「モノサシ」が大きく変わってくる。「役立つ・意味がある」という価値が下がる。そして「面白い・心が動く」という基準が重視されるようになる。

もし、あなたの小学生の子どもがユーチューブばかり見ていたら「少しは役に立つ本でも読みなさい」と言ってしまうかもしれない。

しかし、その発想自体がもはや古い。計算可能な頭脳労働はもはやAIのほうが得意だ。意味があること、役立つことは、ロボットのほうが正確にやってくれる。

しかし、意味はないけど面白いこと、というのはロボットにはできない。

ヒカキンがスライムを作っている動画を見て「こんなの何の意味もない」と思う

かもしれないが、意味がないことでも、それが価値を持つのだ。

僕はよく、「遊びのプロになれ」と言っている。単純労働どころか、会社経営までAIがやってしまうかもしれない時代。

平安時代の貴族のように、遊ぶことが人間のやるべきことになってくる。当時、和歌を詠むことに何か実用的な意味があったかと言われれば、意味なんてない。しかし、そこに感動が生まれ、文化になっていったのだ。

アートやスポーツ、ゲームなど、実用性で考えたら意味がないけど、ただ面白いというのは、とてつもなく大きな価値を持ってくる。

まるで子どもが遊んでいるかのように、意味ないことに夢中になれる遊びの達人が、これからは共感を呼び、人とお金を集めていく。

繰り返すが「労働はオワコン」になっていく。

「役立つ・意味がある」というのが絶対正義だった時代は終わる。そのモノサシを捨て「面白い・心が動く」という基準で日々の生活を組み立て、行動を変えてみよう。

そうやってひたすら楽しみまくっている人の元に、人もお金も集まってくる。

やってみよう！
JUST DO IT

□「面白い」は最強だ！　意味がなくても心動くことをやろう。

□「役立つ・意味がある」というモノサシを捨ててみよう。

□「遊び」と「仕事」と「学び」は同じ。すべてを融合させ人生を楽しみ尽くそう。

情報をダダモレさせて心を奪え

06

やりたいことに圧倒的にハマってやり切る。無謀なことに挑戦し突っ走る。そこに熱が生まれ人が集まってくる。遊びを仕事にする。

この動きを加速させるためには黙々とハマるだけではなく、過程を発信し続けることが大切だ。

「はじめに」で書いたように、挑戦の過程こそが一番のエンタメだからである。

SNSなら、ツイッターやInstagram、Facebook。動画だったら、ユーチューブ、SHOWROOMなど。今の時代、発信ツールはいくらでもある。

SNSを駆使して大ブレイクした人に、〝ゆうこす〟こと菅本裕子さんがいる。彼女はアイドルグループ・HKT48を卒業後二年の間、主にツイッターやInstagram、ユーチューブを中心に活動。「モテるために生きている」をテーマに情報を発信し、若い女性を中心に大きな人気を集めた。いわゆる〝インフルエンサー〟の一人である。

他にも、カリスマ的な人気を誇るメンズファッションバイヤーのＭＢさんがいる。

彼は有料メルマガの著者で、二〇一六年にはメルマガの「まぐまぐメルマガ総合大賞」を受賞している。自身のサイト「KnowerMag」（ノウアーマグ）では、オシャレな着こなし術を論理的に解説している。著書は累計一〇〇万部突破という、超人気〝ファッション本作家〟だ。

ＭＢさんの取材記事によると、彼は子どもの頃から「頭がおかしくなるほど」洋服が好きだったという。そして二〇代になってから「ファッションを理論的に説明したい」「ファッションの公式を作りたい」という夢を持つようになった。仕事のかたわらＷＥＢサイトを立ち上げ、メールマガジンを発行したところ、これが大ヒット。書籍の出版が相次ぎ、現在の活躍に至っている。

遊びが仕事になるこの時代において、大切なのは、好きなことに没頭すること。そしてもう一つ、「思いを持って毎日発信すること」である。

発信するのはタダだ。どんなマニアックなことでも世界のどこかであなたを見つけファンになってくれる人がいるかもしれない。だからすべての過程をダダ洩れさせるのだ。

SNSがなかった時代はテレビ、新聞、雑誌などのマスメディアが情報をコントロールしていた。「情報解禁」などという言葉があり、新作映画や新刊の情報はマスメディアから同時間帯に一斉に解禁されていた。

しかしSNSが出てきてからは、情報なんてコントロールできなくなった。一億総発信者の時代には、「情報解禁」などと言って情報を出し惜しみしていたら、埋もれて誰にも気づかれずに終わる。

新作映画を作るなら企画会議や打ち合わせからツイッターで流すべきだし、新刊を書くなら取材のシーンや仮の原稿をガンガンさらしていくべきだ。

多くの人は一方的でオフィシャルな発表を聞いても心は動かない。自分だけに呟いてくれていると錯覚するような日常的な発信を受け取っているうちに、どんどんファンになっていくのだ。

可処分所得の奪い合いの時代から可処分時間の奪い合いの時代に移ったと言われる。つまり「財布をいかに開かせるか」から「時間をいかに使わせるか」に変わってきている。読書をするか、ＬＩＮＥをするか、飲みに行くか、すべてがライバルになっている。そしてその次は可処分精神の奪い合いだ。心を奪えるか？　心を預けてもらえるかどうかが問われてきている。人は心を奪われて初めて時間を使う。時間を使ったその後に、財布を開くのだ。

だからこそ自分の努力の過程を、成長の軌跡を、自分の言葉で発信し続ける。こうして自分を応援してくれるファンを増やしていく。

心を奪い、巻き込んでいく。通勤途中に毎日野球の練習をしている少年を見ていたら自然とその子の成長が気になってしまうのではないだろうか。毎日触れていると、次第に自分ごとになっていくのだ。

あなたのハッタリに寄り添ってくれる人を一人、また一人と増やしていく。呼吸をするように自分の生き方を丸裸でさらしていくのが、この時代を生き抜くためのハッタリ人にとって必須の条件である。

やってみよう！
JUST DO IT

- □ 情報をコントロールするという発想は捨てよう。
- □ お金ではなく、心をいかに奪うか考えよう。
- □ 日々のすべてをさらけ出し、仲間を巻き込んでいこう。

カネより共感♡

07

ＳＮＳで情報をダダモレさせて、人間性をさらして、心を奪い、共感を得る。

これからの時代、「お金持ち」より「共感持ち」のほうが価値が高いと言えるだろう。

そんな世相を証明するかのように、近頃僕の周りでは、優秀な人ほどツイッターやユーチューブや書籍での発信に力を入れるようになってきている。ＳＨＯＷＲＯＯＭ代表の前田裕二くんはベストセラー本を書いているし、料理レシピ動画アプリ「クラシル」を運営する若き起業家の堀江裕介くんはユーチューバーに挑戦している。

時代の流れをとらえていない人は、起業家のくせに仕事そっちのけで顔を売ることに必死になっている、と思うかもしれない。

しかし、これからは、ビジネスだけをしていたのでは、難しい。

いい製品を作るだけでは、情報の海の中に埋もれてしまって、なかなか広まっていかない。機能や価格などの商品力は大差がなくなる。しかし、会社や自分自身に共感してくれるファンがいれば、商品やサービスは愛されるし、テレビCMのような大規模プロモーションを打たなくても人もお金も集まってくる。

だから優秀な起業家ほど誠実に、ユーチューブや出版に積極的で、一生懸命、自分という人間や会社が目指すビジョンなどを伝えようとしているのだ。

最初は共感が集まらなくても、まず「これをやりたい」という旗を立てるのだ。そして、あがいて、もがいて、頑張って、七転八倒する姿を日々発信し続けよう。その姿がマンガの主人公のようにドラマティックで魅力的ならば、少しずつ、共感の輪が広がっていく。

ファンがいなければ、勝負の土俵に上がれない時代に、これから我々は放り出されるのだ。恥ずかしがらずに人生をさらそう。そしてお金より共感をためよう。

やってみよう!
JUST DO IT

□ ビジネスだけで勝負してはいけない。想いを伝えよ。

□ 積極的に情報を発信して、顔を売ろう。

□ あがいてもがいて頑張る姿が、人の共感を呼ぶ。臆することなく、さらけ出せ。

ほっとけない孫になれ

08

すでにお話しした通り、今や衣食住はすでに足りている。日本で普通に生活していたら、まず飢えることはない。生まれた瞬間から〝食うために〟働く必要はない。そんな時代には、お金を稼ぐことよりも、遊びや趣味を楽しむことのほうが、ずっと大切になってくる。

先ほど平安時代の貴族のようになるという話をしたが、もう少し想像しやすく言えば、一億総老後時代のようになるだろう。

貯金も時間もあるんだけれど、やることがない。あれ？　何のために生きているんだっけ？　みたいな状況に多くの人が陥るだろう。

多くの人が、何かワクワクすることはないかと、考え始める。すると老後を迎えたおじいちゃん、おばあちゃんが孫の夢を応援するように、好きな人の夢を応援することが、これからはエンターテインメントになっていく。

ＡＫＢ48もその典型だ。ファンの人たちはＡＫＢグループにハイクオリティの曲やダンス、ルックスを求めているわけではない。自分が応援することで、自分の推しメンが成長し、スターになっていくストーリーを楽しんでいるのだ。

言い方は生意気だが、これからは他人に「応援させてあげる人」が価値を持つ。手がかかるが可愛い孫のように、可愛げたっぷりに甘えればいいのだ。

そのためにはガツンとハッタリをぶちかまし、誰もが驚くような途方もない夢を語るのが大切だ。ある種、気持ちよくだましてあげるのだ。

小さい夢の実現のために、わざわざ同じ船に乗ろうとは思わない。あるかわからないが想像を絶するようなすごい宝島を目指す海賊船にこそ乗り込みたい、と思うのが人間だ。

僕はこれまで、「時代の寵児」などと呼ばれてきたが、思うようにいかなかったことだって数多くある。

テレビ局も球団も買えなかったし、選挙にも落選した。

それでも常に世間から注目を浴び、メディアに大きく取り上げられてきたのは、いつだってハッタリをかまし、大風呂敷を広げてきたからだ。そして、その大風呂敷を現実のものにするため、毎日本気で戦い続けているからだ。

「どこかで見たことがあるストーリー」に人は熱狂しない。

僕は若手起業家のプレゼンを聞く機会が多いが、もっとデッカイ発想をすればいいのに、と思うことがある。

確かに儲かるのかもしれないけれど、前にも見たことがあったり、別に君がやらなくても他の誰かがやりそうだよねっていうアイデアが多い。

正直、そういったビジネスに出資しようと思うことはない。

僕は金銭的なリターンよりも、見たことのない景色を見たいのだ。だから、限りなくハッタリに近いが、確かにこいつの言っている通りになったら世界の見え方が変わるというビジネスのほうに出資したい。

誤解を恐れずに言えば、ハッタリが実現するかどうかは、実は世間にとって、そこまで〝重要ではない〟。実現させるためにたどった奮闘の軌跡こそが、大切なのだ。そのストーリーをみんなで共有していくのが、今最も熱いエンターテインメントだ。

泣いて笑って、走って転んで血を流す。四苦八苦している姿を、みんなで応援する。挑戦すること自体がコンテンツになり、失敗することさえも、エンターテインメントになってしまうのだ。

失敗なんて恐れるな。失敗という概念すらない。

ぶったまげるようなハッタリを掲げよ。

自分の孫が大きな挑戦をしたいと言ったとき、おじいちゃん、おばあちゃんは、経済的に多少しんどくても、支援してあげたいと心から思うものだ。遠慮することなんて何もない。みんな応援したいのだ。大きなハッタリをかまして可愛がられる孫になれ。

やってみよう!
JUST DO IT

□ トリッキーな行動を取って、ほっとけない存在になろう。

□ 失敗を恐れずに挑戦しよう。挑戦すること自体がコンテンツになり、失敗することさえもエンターテインメントになる。

□ 孫を応援したいおじいちゃん・おばあちゃんのように、みんな誰かを応援したいのだ。遠慮せずにスネをかじろう。

高速でお金を回せ

09

大ボケが支持される時代。ちまちま貯金なんかしているつまらない人間に、人やお金は集まらない。

人は夢を見たがる生き物だ。
どれだけ大きなハッタリをかませるか、それが君の器だ。
イーロン・マスクは交通渋滞に苛立ち、地面にトンネルを掘ろうとぶち上げた。
ジェフ・ベゾスはアマゾンの荷物を空からドローンで配達しようと考えている。

マンガの世界に出てくるようなぶっ飛んだハッタリは、ただボーっと生きている人に掲げることはできない。どうしたら「ハッタリ」の器を広げられるか。

それは日々、やったことのない経験をして、出会ったことのない人たちと会うことだ。すると自分の目線が上がっていく。

そのためにはまず、有り金を高速で使いまくることが重要だ。お金はお金のままで持っていてはよどんで腐る。どんどん使って回していく。そうやって自分の経験に変えていくのだ。

ライブドア時代のイメージが残っているのだろうか、テレビや雑誌の取材で、いまだに「財産はどのくらい持っていますか?」とか「いくら稼いでいるんですか?」といった質問を受けることがある。どうやら僕はお金持ちだと思われているらしい。

しかし残念ながら、それは間違いである。僕はお金を手元に残しておくことはしない。むしろ一〇〇〇万円以上残さないよう、日々頑張ってお金を使っているのである。

著書の印税、オンラインサロン、メルマガ、その他のビジネスからも収益が入ってくるが、そのほとんどを、ロケット開発やスタートアップへの投資、そして自分の遊びに突っ込んでいる。ロケットには私財六〇億円以上を投資している。どんなに稼いだとしても、一〇〇〇万円以上を貯め込むことはない。すべて経験や挑戦に高速で変えていく。

辺境の地に旅をするでも、バカ高いアートを買うでも、自作の写真集を出版するでも何でもいい。自分の新しい経験にどんどん投資していくのだ。

二〇一八年末、八年ぶりにミュージカルを主催し、主演を務めた。今回は、和牛料理をメインとしたフルコースを提供するディナー席を設けてみた。グルメとエンターテインメントを融合するという新たな試みである。

僕がなぜこんなことをするのか。それはまだ自分が経験していないことを経験してみたいからに他ならない。

僕だって正直「めんどくさいな」「億劫だな」と思うことはある。しかし、そう思ったときこそ一歩踏み出すべきだ。僕は一年のうち三回は本来自分がやりたくはないことにあえて挑戦する。お笑いのR－1ぐらんぷりに出たりするのも修業だ。

最初は恥ずかしかったり、気が乗らなかったりするけれど、えいや！　と挑戦してみると新しい自分に出会えるものだ。

そして、生まれ変わった自分からはまた新しい発想が生まれる。多くの人が思いもつかない発想ができるようになるのだ。筋トレと同じように、メンタルや行動力も負荷をかければかけるほど強くなっていく。

お金もあなた自身も、止まっていたらよどんで腐る。お金を高速で回し続け経験に変える。自分をアップデートしていけば、常人には不可能なレベルの経験値がたまり、視座が上がっていく。

その経験値が、どでかいハッタリをかます器を作っていくのだ。

やってみよう!

JUST DO IT

□ 手元に必要以上のお金を残すのはやめよう。

□ やったことないことを、えいや! とやってみよう。

□ 絶えず挑戦し続けるために、お金をできるだけ早く回転させよう。

第3章

プレゼン術よりハッタリカ

10

「いいプレゼン」の絶対条件

ハッタリが、とても実用的に機能するのが「プレゼン」の場面である。

「いいプレゼンとは何か？」

いまだに多くの人が、パワーポイントで美しい資料を作り、ビシッとスーツを着こなして、いかにも「デキる人」という調子で商品説明をすることだと誤解している。

実際、僕もよくそういったプレゼンを見せられることがある。

しかし、いくら巧みな話術を駆使されても、凝った資料を見せられても、そのビジネスやその人自体に将来性を感じなければ、当然のことながら僕は、投資を決めるなんてことはない。

逆に、たとえプレゼン自体は拙くても、資料が多少不格好であったとしても、その事業やその人自身に成功を見込めるのなら、僕は喜んでベットしていく。

勝負は、実はプレゼンに入る以前——すなわちプレゼンをする相手を選ぶ段階から始まっている。

もし、あなたが「全く新しいビジネス」を提案したかったとする。まずは周りを見回してみよう。話を聞いてくれそうな人の中に、新し物好きな人はいないだろうか？　そういう人に会いに行き、まずは気に入られること。これが、プレゼンの第一手である。

僕は、起業した当初、アルバイト時代に仲良くなった人たちから、新し物好きのおじさんをたくさん紹介してもらった。

僕は、どちらかと言えば、営業に向いていないタイプの人間である。そんな僕でも、いろいろな場所にプレゼンに行って、多くの仕事や投資を成立させてきた。それは、「知人に紹介してもらった人にしか会わなかったから」である。

飛び込みに近い状態でのプレゼンは極力避けるべきである。

人を紹介してもらうなんて難しい。そう感じるかもしれない。しかし、事は意外と単純である。「そういう人いないですかね?」と知り合いや友人にとことん尋ねればいいだけだ。飲み会や立ち話のときに、アンテナをはり続けるべきだ。

チャンスはどこに転がっているかわからない。巧みなプレゼンをしたり、キレイな資料作りをしている時間があるならば、自分の提案を欲しがりそうな相手を探すことに時間をかけたほうがいい。

いい資料を作ることよりも、自分のプレゼンを求めている人と出会うこと。常にその嗅覚を研ぎ澄ましておくことのほうが大切だ。プレゼンはプレゼンをする前に勝負が決まっている。「プレゼン術」より「ハッタリ力」だ。

やってみよう!
JUST DO IT

□ 自分が求めている人に会いに行き、まずは気に入られよう。

□ 飛び込みに近い状態でのプレゼンは、極力避けよう。

□ アンテナを立たせ続けて、知人や取引先に、人を紹介してもらおう。

相手を知ることがすべて

11

では一体、プレゼンしたい相手を見つけた後、どのような関係を築いていけばよいのだろう？

その答えは二つある。まず最初に大切なのは、「こいつはどうにも面白い奴だな」と思ってもらうことだ。そして次に、プレゼンが終わるまでに、「こいつの話に乗っておかないと、逆にこちらが損をしてしまうな」というところまで持っていくことである。

そこまで相手の気持ちを高めることができれば、見ず知らずの人が相手であったとしても、そのプレゼンに勝てる確率は飛躍的に上がる。

そのためには、事前に話の展開を練っておく必要がある。

今ではホリエモンというキャラや言動が相手に認知されているので、自己紹介などは必要ないが、無名な頃の僕は、重要な仕事で初対面の人と会う場合に相手の名前がわかっていれば、あらかじめ必ずネット検索を行うことにしていた。

今の時代、メディアは著名人のものだけではなくなった。ごく普通の人物が意外なところで活躍していたり、逆に悪評が立っていたりするのである。ネット検索など、五分とかからない。たったそれだけの情報収集を行うことで、会話はずっと楽しく弾むし、深入りするとまずい人物に対しては、事前にリスクの回避策を講じることだってできるのだ。

そうやって調べた情報をもとに、それぞれの人や土地に応じて声のかけ方を変える。このような工夫をすることで、プレゼンに入る以前に、最初の挨拶の段階から差をつけることができるのである。

たとえば、本のPRを頼んでいる会社に、初顔合わせの挨拶に行くとしよう。そういうときに、その会社一押しの本や、（その人自身が本を書いていれば）担当者の人の著書を必ず読んでおけばいい。

仙台の書店に本の発売の挨拶に行くとしたら、僕にはプロ野球参入騒動のときに、仙台でいろいろとお世話になった思い出があるので、そのときの話をしたりする。あるいは北海道でプレゼンを行うのであれば、「今、北海道でロケットの開発をしているんですよ」といった話など、各土地にまつわるネタから、まずは切り出すように心がけている。

ここまでの話を聞くと、「話が細かすぎやしないか……」と思う人もいるかもしれない。しかし、こういう細やかなアイスブレイク（緊張の解きほぐし）なくして、プレゼンの成功などありえないのだ。

事前にSNSで調べて、相手が今興味を持っていそうな共通の話題を振ることで、最初の会話に花を咲かせるというのも有効な手である。要は、「私はあなたにちゃんと関心を持っていますよ」と示すことで、心のバリアを早い段階で解いてもらうことが大切なのだ。

誰だって赤の他人の話より、心が通じている人の話を聞きたいと思うものだ。
無名な自分の話を聞いてほしければ、まずは相手のことを知ることである。

やってみよう!
JUST DO IT

- □ プレゼンをする前に、話の展開を練っておこう。
- □ 人と会うときは、事前に相手のことをネット検索で調べておこう。
- □ 相手に対する関心を態度で示し、心のバリアを解いてもらおう。

相手の心をつかむハッタリ実例

12

そうやってアイスブレイクを済ませた後、ようやくプレゼンに入ることになる。
ただ、ここでいきなり「プレゼンの場では、こうすればよい」と概念的な説明をしても、読者の皆さんが実際に使うにはどうすればよいか、わかりにくいだろう。
そのため、ここでは「ある事業を開始するにあたって、出資者を募るためのプレゼンを行うとしたら……」という前提で、僕が実際に行うであろう会話の例を示したいと思う。

では、早速始めていこう（話の途中に入るゴシック体の文章は、要所要所での簡単な解説である）。

（自己紹介とアイスブレイクが終わった後に……）「昔、僕の部下が『コンタクトレンズ店が儲かる』って話をしていまして。その元部下の会社は、コンタクトレンズを売っていたんです。

それが、コンタクトレンズといっても、非常に特殊なコンタクトレンズで。たとえば猫の目の形になるコンタクトレンズとか。人間の目というのは黒目のところで物を見るので、白目の部分は視覚に全く関係ないらしく、そこに模様を描いたりとかできるんです。

ワンデーアキュビューみたいなメジャーどころは、ちょっとだけ黒目の部分を大きく描くというマイルドなものですが、彼の会社のは、ビジュアル系バンドのアーティストが着けるような感じの派手な目になるんです。いろんなバリエーションがあって、それを一八〇種類も売っているんです……」

（……といった感じで、最初は脈絡がなさそうだけど、でも何だか大事そうな話。つまり、「よくわからないけど、何かビジネスの種っぽい話も含まれているみたいだし、聞いておいたほうがいいのかな？」と思わせるような話を〝唐突に〟始める。

それによって、「お、もしかしたらこいつの話は聞いておいたほうがいいのかな？」と、相手の関心を一気に引きつけていき……）

「その会社の親会社というか、スポンサーになっている企業の一つが、熊本にあるメガネの小売チェーン店なんです。

その企業は地域の財閥のような会社で、厳密に言えば財閥ではないのですが、地方には小財閥みたいな会社があるんです。県レベルになると、県内ですごく幅を利かせているミニ財閥みたいなところがいっぱいあって。それらはいまだに同族企業だったりして、莫大なお金を持っています。そういう会社が、地方のいろんな商売を独占してやっているんです。

たとえばコカ・コーラ　ボトラーズジャパン。コカ・コーラの自動販売機にコカ・コーラの缶とかビンとかペットボトルとかを入れていくような会社がありますよね。ああいった会社は、地域ごとにオーナーが違います。

ドコモショップみたいな携帯電話の販売会社なんかも、地域の財閥の人がスポンサーになって売っていたりとか。あるいは、トヨタのディーラー。レクサスとかトヨペットとかのディーラーの親会社も、トヨタではなくて地元の財閥がオーナーだったりするんです。

その小売メガネチェーンも、そういった企業の一つなんですけど……」

（……と、本題に入る前に、〈本題に関連してくる〉「業界の裏ネタ」みたいな話を挟み込んで、「む……、こいつはもしかしたら只者ではないのかも」といった相手の関心をさらに引きつけつつ……）

「僕がすごいなぁと思ったのは、その地方の財閥が手がけている、携帯電話販売のビジネスにまつわる話です。

これ、さっき話したコンタクトレンズのビジネスにもからんでくることなんですが、コンタクトレンズ店に行くと、大体眼科医、目のお医者さんとセットになっていますよね。

そこにすごい盲点があって。そのときの医者って実は、眼科医である必要はないんです。法律上、医師免許さえ持っていれば、どの分野であっても処方箋は出せることになっているので。

医者は、内科とか外科とか、いろんな専門群に分かれていますが、眼科医を選ぶ人は、何十人に一人しかいません。とはいえ、医師免許自体は単純に「医師免許」一つだけなんです。つまり、医師なら誰でも『眼科医だ』と名乗るだけで、眼科医になれるんです。経験がなければ眼科医になれないといったルールはないし、一応基礎知識はあるわけですから、別に眼科医を名乗って構わない。

だから、コンタクトレンズ店に併設されている眼科は、医師免許を取ったんだけど一人前になっていないような研修医が、マニュアル通りに目の検査をして処方箋を出していることが多い。そうやって、大幅なコストカットを行っているわけです。

僕がすごいと思ったのは、それをうまく利用して商売をやるたくましさと、眼科の専門医じゃなくてもいいんだってことに気づいたこと。こういうのって、すごいビジネスの盲点を突いていると思うんですよね」

（……といったように、「話が盛り上がって、〝つい〟微に入り細を穿《うが》ち熱く語って

しまいました！」という雰囲気で、「儲けのカラクリの核心」みたいな話を、バーっと一気に、かつ熱心に語り、「これはちょっと本当に、こいつの話はちゃんと聞いておかないと損するかもしれないな……」と思わせておきながら……）

「僕もコンタクトレンズの話は何となく知っていましたが、彼が教えてくれたのは、その先の話で。そのメガネの小売チェーングループというのは、携帯電話会社と一緒になって補聴器を売っているそうなんです。

その補聴器というのがまた、ものすごいビジネスで。補聴器ってちょくちょく調子が悪くなるらしくて、一年に一回くらいメンテナンスをしなきゃいけないんです。それで、今は高齢の方でも携帯電話を当たり前に持っていますよね。その携帯電話店で、一緒に補聴器販売のビジネスもやっているそうなんですよ。すると、携帯電話店に来るお客さんに補聴器の提案をするだけですから、ものすごく効率よく営業ができるわけです。

しかも、どうしてそのビジネスにメガネの小売チェーン店が手を出しているのかと言えば、補聴器の調整をするには、耳鼻科の処方箋が必要になるからなんです。

すると今度は耳鼻科医が必要になりますが、耳鼻科医も眼科医と全く同じ仕組みで、医師免許を持っていたら耳鼻科医を名乗ることができるんです。つまりそのメガネの小売チェーン店は、コンタクトレンズを売るのに使っている眼科と補聴器の耳鼻科を、一緒くたにして運営しているというわけです。

研修医たちに、効率よく動いてもらうことで、ものすごく低コストにビジネスを回して、莫大な利益を収めています。そういうことを知っているのが、地方の財閥が財閥になりえたゆえんなんです」

（……と「儲けのカラクリの〝最も核心的な部分〟」について話をし、次のような最終提案に入るのだ）

「それで今度、その補聴器を売るビジネスを、東京でうちがやることになりました。つきましては、ご投資いただくことで、一緒にそのビジネスを大きくしていきませんか？」

……このように話を展開すれば、「この話を他に持っていかれたら損するな……」と、相手に思ってもらうことができる。

プレゼンでやるべきなのは、キレイな資料や完璧な演説を披露することではない、相手が前のめりになるような興味のあるつり糸を垂らして、ハッタリに食いつかせることなのだ。

やってみよう！

JUST DO IT

- □ プレゼンには業界の裏ネタ、儲けのカラクリといった話を、ふんだんに盛り込もう。
- □ 一気に、熱心に、たたみかけるように話そう。
- □ ググッと興味を引きつけてから、具体的な提案に入ろう。

雑談こそが信頼性を上げる

13

すでにお話ししてきたように、ハッタリをかますためにはプレゼン全体を通して、「こいつはどうにも面白い奴だな」と思ってもらいつつ、最後には、「こいつの話に乗っておかないと損すらしそうだ」というところまで持っていくことを狙う。

そして後者の目的を実現するための肝が、先の会話の例の中で見たような一連の「雑談トーク」である。

この「雑談トーク」とは、先の会話例で、横線を引いている部分に相当する。つまり、「会話の要所要所で、その人に利益をもたらすような〝豆知識〟をふんだんにちりばめながらプレゼンを展開する」ということである。

その豆知識というのは、「業界の裏ネタ」や「ライバル企業の動向」「これから儲けられる新しいビジネスモデル」「提案する事業で儲けを生み出すカラクリ」などのことだ。

商売をやっている人はえてして、「みんながまだ知らないような、儲けの裏のメカニズム」といった話に目がない。また、そういう情報を持っている人間との付き合いを好む傾向にある。

だから、そういったビビッドな話題を、プレゼンの中に「ドン」「ドン」「ドン」と投下し続けるのだ。

そのためには、机の前でウンウンと考えているのではなく、あなた自身がいろいろなところに行き、面白い人と会いまくり、ネタをたくさん持っていなければならない。「こいつは面白い」と思われることだ。プレゼンスキルよりも、あなた自身が面白いネタを持っていて、面白い人間になることが大切だ。あなたのプレゼン内容に信憑性を持たせるためには、あなたの世の中やビジネスセンスに対する信頼性をも、同時に上げていくことが重要なのである。

実際の提案の話に入るのは、その後で――つまり、信頼関係を築いた後で――である。

やってみよう！
JUST DO IT

- □ プレゼンの肝は、雑談トーク。そのためのネタをしっかり仕込んでおこう。
- □ ビビッドな話をプレゼンの中に、「ドン」「ドン」「ドン」と投下し続け、聞き手を釘付けにしよう。
- □ つまり、あなた自身が面白い人になろう。

プレゼン資料はシンプルが一番

14

ここまで、話し方の例を一対一の商談形式で紹介してきた。だから、「一般的なプレゼンの場面では、どういう話し方をすればいいのだろう？」と迷った人がいるかもしれない。

しかし実は、プレゼンでの話し方というものは、一対一の商談形式でも、一対多数の典型的なプレゼンの形式でも、ほとんど変わらないものである。

先ほどは、スライドなどを使用しないような場面を想定して話したが、その場合と、多数に向けて行ういわゆるプレゼンとの違いは何かと言えば、「シンプルなスライドを作り、それをスクリーンに表示しながら話す」という程度のものである。

スクリーンに映し出すスライドは、「何かを解説するための資料というよりも、口頭で次の話題を出すためのきっかけにすぎない」と考えてほしい。シンプルに、箇条書きで、必要な項目を列挙してあれば十分だ。たまにスライドに書いてある文字をそのまま読む人がいるが、それはありえない。聞いているほうは興ざめする。

要は、「プレゼンの途中で次の話題は何だったかを確認するために、箇条書きでお題を書き留めたようなもの」が、僕の考える「いいスライド」なのである。

シンプルなものにするべき理由は、すでにお話しした通り。「資料の作成に手間ひまをかけるのは本質的ではないから」である。

結局のところ、僕の言う「プレゼン資料」とは、スクリーンに投影しながら使う、「話の目次立て用のツール」なのである。フォントは、見やすさを優先するため、太めのゴシック体をおすすめする。ソフトについては、使い勝手がいいからという理由で、キーノートがベターだと思う。

また、箇条書きがいいとは言ったが、臨場感を演出するために、スライドの中に適宜、写真や動画を盛り込むのは有効な手だてである。

たとえば「美味しい肉の説明をしたい」といった、「視覚的に説明したほうが、口頭や文章で説明するよりも明らかに早い」というとき。シズル感のある写真や、「ステーキが焼けてジュージュー音を立てているような動画」をスライド上に掲載したほうが、肉の美味しさがより強く伝わる。

資料なんか伝わればいいのであって細かなテクニックなど必要ない。シンプルにプレゼンを補助するようなツールにすぎないのだ。

ハッタリをかますときに小手先の資料作成スキルや、プレゼンスキルは必要ない。自らが面白い人間になり、相手のことをよく知っておく、そして形式にとらわれず、テンポよく、気持ちよく話を展開することが大事だ。相手が前のめりになるようなトークを繰り出すのだ。

やってみよう！

JUST DO IT

- □ 大勢の聴衆に向かってプレゼンするときも、一対一の商談と同じように話そう。
- □ スライド資料は「単なる目次」と割り切ろう。
- □ スライド資料に写真や動画を盛り込んで、臨場感を演出しよう。

第4章

ハッタリ人間が捨てるべき三つのもの

もっともらしい言葉を捨てろ

15

さて、背伸びをして「ハッタリ」をかませ、と言われても、これまでのんびり生きてきた人が、いきなりハッタリをかませられるようにはならないだろう。

自信を持ってハッタリをかますための心構えをこの章では伝授する。

まず必要なことは「こうあるべき」という世間一般の常識を一切捨てることだ。

日本では、世間の常識やすでにある考え方に対して疑いを持たないよう、子どもの頃から叩き込まれる。疑うことなくやみくもに信じてしまえば、不安を感じずに済むからなのだろう。

保険をたくさん掛けている人、リクルートスーツを着て何十社も会社訪問する学生、せっせとエンディングノートを作っている中高年。「こうあるべき」という社会が決めた常識のレールに沿って生きていく。反対にこの国では新しいことをやると「嘘くさい」「いかがわしい」と叩かれる。

しかし「いいハッタリ」とは完全に常識の外部から来る。計算や論理の先にある予定調和なものに人は熱狂しない。

「そんなこと考えもしなかったけれど、実現したら最高に面白い」という発想に、みんな魅せられるのだ。

テレビ局を買おうとするのも、民間の力で宇宙にロケットを飛ばすのも、最初は誰もが耳を疑った。だから、世間からの注目を一身に浴びたのだ。

ZOZOの前澤社長の月に行くという発言も、ツイッター一億円お年玉企画も、考えもしなかったことだから世間が騒ぎ、宣伝効果が抜群だったのだ。

「そんなことできるわけないじゃん」ということを自信満々に言い切るのが肝なのだ。誰かが思いつきそうなことを言っても「価値」にはならない。唯一無二の希少性こそが「価値」なのだ。

つまり、世間の九九パーセントの人が持っているような「こうあるべき」という常識を頭から外さなければハッタリはかませない。ハッタリはその業界その世界の人間たちが眉をひそめるようなことでなくてはならない。

「もっともらしい言葉」には未来の真実はない。過去の結果でしかない。まずは頭の中から「もっともらしい言葉」を捨てよう。まるで地球の常識など知らない宇宙人のような脳みそに変えていこう。

やってみよう!

JUST DO IT

□ 世間の常識を一切持つな。

□ 良いハッタリは今までのレールの外にあると考えよう。

□ 宇宙人になったつもりで世界を見よう。

16

親の教えを捨てろ

常識と一緒に捨てるモノ。それは親の教え。

親の言うことを何でも素直に聞いてしまう人がいる。これまた真面目な人に多いのだが、親の言うことを聞いたところで、いいことなんてほとんどない。

そもそも、親というのは価値観が古い。育った時代が違うのだから、当然のことだ。親の持っている知識や経験というのは、子世代から見れば三〇年遅れている。そのことを念頭に置き、自分の頭でしっかり考えなければいけない。

僕がＩＴ関連企業を設立できたのは、幼い頃からパソコンに接してきたことが大きく関係している。明けても暮れてもパソコンの前から離れず、成績は一気に下がった。すると母親は、僕とパソコンを引き離そうと、あの手この手を打ってくる。夜中にこっそりパソコンをゴミ捨て場に持っていかれたことさえあった。

しかし、今の僕があるのは、間違いなくパソコンに親しんできたからだ。親の言うことを聞いて、素直にパソコンから離れていたら、今の僕はなかった。

親はわが子のためを思い、あれこれ口を出す。その気持ちに嘘はないだろうが、その内容が正しいとは限らない。間違っていることのほうが多いのだ。

当たり前だ。これだけ変化が激しい時代において、三〇年以上前の常識が通用するわけがない。なのに驚くほど多くの人が、親の言うことを鵜呑みにして、損な生き方を選択している。

ベンチャー企業に就職しようとしたら、親に反対された。起業しようとしたら、親から「やめておいたほうがいい」と言われた。親の反対くらいで、諦めることはない。親ストップに何度も従っているうちに、あなたの中からハッタリ精神がどんどん消えていく。

古い考えの人との付き合いは時に毒にもなる。いかがわしくても、うさん臭くても、時代の波に愛されている新しい人から積極的に情報を拾い、常識をアップデートし続けないといけない。

親の教えなど片っ端から捨てていこう。

やってみよう！

JUST DO IT

□ 親の教えを鵜呑みにしてはいけない。

□ 親の価値観は三〇年古いということを知っておこう。

□ 誰の話に耳を傾けるべきか、自分の頭で判断しよう。

プライドを捨てろ

17

常識を捨て、親の教えも捨てたはずなのに、ハッタリをかませない人がいる。

それはなぜか？

それは簡単。まだプライドを捨て切れていないからだ。

こんなことを言ったらバカだと思われる、頭がおかしいと思われる、笑い者になる。

しかし周りからどう見られているかを気にしていては、一歩も動けない。

残念ながら、真面目な人ほど「世間の目」を気にしてしまう。つまり、どうにもプライドが高すぎる。

「勤めるなら大企業でないと……」「マイホームくらい持っていないと……」「職を失うなんて恥ずかしい……」

自分の望みとは関係なく、世間の目を気にして物事を決めてしまう。そんなツマラナイ人間のハッタリなんかに誰も乗ってこない。

自分は恥ずかしくてできないがこの人はフルスイングでやってくれる。そういうスカッと突き抜けた宇宙人のような存在にならなくてはいけない。

第一章で語った通り、恥をかくことこそが最大のプロモーションなのだ。

ＳＮＳを見るとよくわかる。派手なハッタリをかましバカ丸出しで挑戦する人たち。

ロケットを飛ばす、美術館を建てる、ユーチューバーになる、歌手デビューする。そして、その挑戦をバカにし揶揄する匿名アカウントたち。

一見、冷静に斜めから人を論評する匿名アカウントのほうがクールに見えるかもしれない。しかし、よく考えてみよう。必死に他人を評論する彼らには一切、フォロワーも共感も集まらない。お金を一円ももらっていないのに毎日せっせとＡＩのように休まず、批判的なコメントをしている。

しかし、バカ丸出しで挑戦するハッタリ人間たちはどうだろう。最初は周りがバカにし、笑い者にしていても、とにかく目立つ。ツッコまれることによって良くも悪くも注目される。すると局地的に熱が生まれ、次第に共感が集まり、結果として人とお金が回っていく。

今の時代「つっこみ」であることには何の得もない。「ボケ」をかまして最大の恥をかく。そして周りから叩かれる。これこそが最高のプロモーションになるのだ。

プライドを捨てろ、そして、自ら恥をさらしに行くのだ。

やってみよう!

JUST DO IT

- □ 世間の目なんて気にしてはいけない。
- □ 誰しも自分以外のことには関心がない、ということを知っておこう。
- □ とにかくボケて、注目を浴びよう。

第5章

ハッタリの後始末

やりながら学べ

18

ハッタリをかませと言うと必ずこういう言葉が返ってくる。

「でもできるかわからないから不安です」「まだ実力が追いついていません」

真面目な人ほど、ハッタリで広げてしまった風呂敷をどう畳むか、悩んでしまう。

まずもって、何かやりたいことが出てきたとき、できるに決まっている時点でハッタリとは言えない。

だから、できなくて当たり前だ。大事なことはハッタリをかました後に、必死で辻褄を合わせることだ。しかし、大丈夫。できないことなんてあまりない。

もし、ビジネスをやる上で資格やスキルが必要になったら、その資格を持っている人にアウトソースすればいい。大して役に立たない資格を取るために、何年も無駄な時間をかけることはない。自分ができる必要はないのだ。

万が一、自分自身で知識やスキルを身につけたければ、たいていのことは、インスタントに学ぶやり方がいくらでも転がっている。必要に応じてツマミ食いで習得すればいいだけで、わざわざ一から一〇まで体系的に学ぶ必要など、全くないのだ。

たとえば、僕がギターを習ったときのこと。「ギターを弾けたらカッコイイな」とは思っていたものの、毎日地道に基礎練習するなんてまっぴらごめんだ。なじみの店に、教えることがすごく上手なギタリストがいたので、彼に頼んで教えてもらうことにした。

教え方は非常にシンプルだった。基礎練習などは、まず生徒にやらせない。簡単なコードをいくつかと、そのコードで弾ける曲を教えていく。ジョン・レノンがカバーした名曲「Stand by Me」に使われているのは、AとF#m、D、Eという四つのコード。これなら、初心者でも簡単に押さえられる。これを覚えるだけで、「Stand by Me」を弾けてしまうのだから驚きだ。

そうなると、もういっぱしのギタリスト気分。少し難しいコードにもどんどんチャレンジしたくなってくる。

今ではお気に入りの曲はそれなりに弾けるようになっている。

こんなやり方に対して、逆に習いたてのうちから「まずはコード練習だ」と各コードを完璧に押さえられるまで反復練習していたら、きっと早々に挫折してしまっていただろう。それよりも、ある程度弾けるようになり、演奏が楽しくなってから自主的にチャレンジしたほうが、はるかに効率的だ。

面白くもない学び方をしたために途中で投げ出してしまったのでは、元も子もない。

僕は学生時代からWEBサイトの制作を手がけていたが、当時はまだWEB業界の黎明期。依頼されるのは、やったことのない仕事ばかりだった。HTMLやさまざまなプログラミング言語、データベースなど、知らない技術については、その都度、参考書を買っては、学びながら仕事をこなし、仕事をこなしながら学んでいた。

仕事を受ける前に「この知識を勉強しておかないと」「あれについて経験を積んでおかないと」などとあれこれ考えていたら、いつまでたっても仕事を請け負うことなどできなかっただろう。

走りながら学んでいく。今できないことでもともかく着手してみて、わからないところがあればその都度調べて、一つ一つ乗り越えていく。やりながら考えるという見切り発車の姿勢が大切なのだ。

やってみよう!
JUST DO IT

☐ あれこれ考えず、とりあえずやってみよう。

☐ 物事を学ぶとき、一から一〇まで体系的に学ばなくてもいい。好きなところから始めよう。

☐ 学んでからやるのではなく、やりながら学んでいこう。

パクって
パクって
パクりまくる

19

今の時代、いざやってみればできないことなんてほとんどない。

昔は情報が少なく正解がわからないことがたくさんあったから、どう勉強すればいいかすらわからなかった。

しかし今やインターネットで検索すれば、その分野で大きな成果を上げている人がいくらでもノウハウを公開している。

起業の仕方、動画の編集、オンラインサロンの開き方、ベストセラーの出し方、その成功ノウハウが溢れている。

たとえばダイエットの方法を探る場合は、「短期間で体重を落とした人の方法論」を探っていくことになるだろう。営業の方法を調べるならば、「自分が売りたいものと同じ分野で、最も高い売上を誇っている人のノウハウ」から調べ上げていく。英語の勉強法なら、「最も短期間のうちに、たとえばTOEICの点数を上げた人のやり方」からリサーチするといった具合である。

早く成功したければ、最も効果的に成果を上げた人の方法論から取り入れていくべきなのは当然のことだ。

昔と違ってＳＮＳ時代には情報は公開すればするほど、公開した人のもとにも情報が集まる。だから情報は出し惜しみされなくなってきた。

人類史上初、成功ノウハウがタダ同然で手に入る時代。ノウハウの価値は下がり、あとはやるか、やらないかだけ。つまり、行動する人が最高に得をする時代なのだ。

「人の真似なんてしたくない」とか「自分のスタイルと違う」といった変なプライドを持っている人はかなりもったいない。

「この人、いいな」と思ったら、どんどん真似することだ。じっくり観察し、それと同じことをやってみる。

すでに上手くいっている方法をパクるのは基本中の基本だ。大して才能もない人間が、机の前であーだこーだ考えている時間ほど無駄なものはない。

僕のメルマガ「堀江貴文のブログでは言えない話」は、二〇一〇年二月に開始して一〇カ月で早くも会員が一万人を突破。以降もじりじりと会員数を伸ばし続け、今では二万人を優に超える会員数を誇っている。しかし、この有料メルマガというビジネスモデルは、何も僕が思いついたことではない。

人気のある有料メルマガを購読し、メルマガの構成はどうなっているのか、どういう企画が好評なのかをじっくり観察。それを真似て、自分のメルマガに取り入れたというわけだ。

僕は真似と改良を繰り返している。僕が運営するオンラインサロン「堀江貴文イノベーション大学校（ＨＩＵ）」の前身である「堀江貴文サロン」は、勝間和代氏の運営する「勝間塾」や、岡田斗司夫氏の「FREEex」などを参考にした。

そこに数々の改良を重ね、オープンに至ったわけだ。そして本書の編集者でもある箕輪くんは僕のオンラインサロンのやり方を丸パクりして軌道に乗せた。彼がやったことは、ただパクって行動してみたというだけ。別に箕輪くんは、元々有名人だったわけではない。だから「〇〇さんだからできる」というのは単なる言い訳にすぎない。ただ「やるか」「やらないか」だけなのだ。

人生、パクり合い。アイデア自体には価値がないのだから、上手くいったやり方はみんなでシェアしていけばいい。

特別な才能や学歴は必要ない。今この世でいいとされている方法を片っ端からパクればいいと考えたら、ハッタリをかます勇気が出てこないだろうか？

やってみよう！
JUST DO IT

- □ 自分で一から解決法を生み出そうとするのはやめよう。時間の無駄。
- □ すでに効果を上げている人を参考にしよう。
- □ 「この人いいな」と思ったら、どんどん真似しよう。

オリジナリティは想像力

20

パクって誰かと似たようなことはできても、しょせん真似ごとだと考えるかもしれない。

それはその通りで、パクって、それなりにはなっても、本家を超えることはできない。

しかし、自分が心から熱を持てる好きなことを仕事にしていれば、消費者や受け手の気持ちが手に取るように想像できるため、そこに改善を加え続け、少しずつ自分の色を出していくことができる。

やらされ仕事をやっていると、上司や取引先に怒られない範囲で納品しようという社畜精神が出てしまうが、自分が好きなことを仕事にしていれば一〇〇点以上を目指そうと自然と力が入る。頼まれてもいないのに、好きなRPGゲームだったら必死にレベル上げをしてしまうだろう。

自分がお客さんだったらと考えて改善し続ければ、自然とオリジナルな価値を帯びてくる。自分だったら、どんなサービスを求めるだろうか。自分だったらどんな商品が欲しいだろうか。こういった目線を常に入れながら仕事をしていけば「自分なり」の価値が出る。

お客さんはどう思うだろうという想像力を養うヒントは、普段の生活の中にも隠れている。

仮想ライブ空間を提供するSHOWROOMの代表、前田裕二くんは、『メモの魔力』（幻冬舎刊）という本を出してしまうほどの生粋のメモ魔である。ミュージカルを見ているときでさえ、暗い客席でノートを開き、メモを取り続けている。それくらいの貪欲さで世の中を見ていることが、成功するための秘訣だと言えるだろう。

スマホで手がふさがっていても、歩きながらでも、考えることはできる。考えるネタは、どんなことでもいい。日々のルーテンを改善できないか。お店で受けたサービスの何が素晴らしかったのか。ひどいサービスだったら、それをどう改善すればよいのか。雑誌で紹介されていた新商品を、別の用途に使えないか。

街の中でもＳＮＳでもヒントが至る所に落ちている。ぼんやりと過ごしていてはもったいない。自分の時間を思考で埋め続けていくと、あるときから、解決策やアイデアが湧いて出てきてしょうがないような状態に入れるものなのだ。

要するに、仕事において能力なんて誤差の範囲なのだ。

成功ノウハウなんてパクればいい、パクった後は消費者目線に立って改善を繰り返せばいい。ここに特別な準備も資格もない。自分が熱を込められる好きなことであれば、オリジナリティは自然とにじみ出てくるものだ。

やってみよう！

JUST DO IT

□ 好きなことをやろう。好きなことなら消費者の立場で考えられる。

□ 普段の生活の中から、あらゆるヒントを見つけ出そう。

□ 日々、自分のサービスがもっと良くなるにはどうしたらいいか？　を考えよう。

第6章

それでも
ハッタリをかませない
良い人な君へ

まずは自分にハッタリをかませ

21

ここまで読んでもハッタリをかませない君へ。

きっと君は良い人なのだろう。

謙虚で真面目なのだろう。

ハッタリをかます人には共通点がある。それは「根拠のない自信」を持っているというところだ。君から見たら能天気なバカかもしれない。

ハッタリ人間たちは、

「やったことはないけれど、きっと自分だったらできるはず」だと信じている。つまり、他人より先に自分に対してハッタリをかましているのだ。

大学を中退して起業する直前、ＩＴ企業でアルバイトをしていたときのことである。個人で仕事を請け負うチャンスがやってきた。

「堀江くん、オラクルのＷＥＢシステムを制作する案件があるんだけど、会社を通さずにやってみない？」

案件を紹介してくれたのは、仕事でやり取りのあった人だった。

「やります！　やらせてください」

僕は、〝いつもの通りに〟即答した。


オラクルというのは、データベースを提供している世界トップの企業である。このとき僕は、オラクルのデータベースなど使ったことがなかったし、データベースサーバーのこともよくわからなかった。


しかし、僕は「やりたい」という直感に従い、涼しい顔で快諾した。そしてその足ですぐに書店に行き、参考書を何冊も買い漁った。

ハッタリをかましてとりあえず請け負ってしまえば、あとは何とか実現できてしまうものである。必要な情報や知識は、必死に取り組んでいるうちに必ず後からついてくるのだ。

結局僕は、ひたすら勉強しながら、何とかシステムを作り上げることができた。

そして、さも当然のことのように、何食わぬ顔で納品したのだ。

ハッタリをかまして受けたこの仕事で、僕はわずか数カ月の作業で九〇万円もの報酬を得ることができた。当時、時給一二〇〇円のアルバイトだった僕にとって、これは大きな衝撃であった。

僕が後に起業を決断したのは、この体験が根底にある。

実は、僕がインターネットに出合ったのも、小さなハッタリがきっかけだ。

今でこそ誰もが知っているアップル・ジャパンという会社が、六本木ヒルズではなく、まだ千駄ヶ谷に全面ガラス張りのビルを構えていた頃のことだ。僕は、月に一回そこに出入りしていた。アルバイト先の会社が、アップル社の開発者向けパソコン通信サービスの運営を担当していたからだ。

ある日、定例ミーティングの席で、アップルの担当者からこんな打診を受けた。

「うちのホームページを作ってくれない？」

一九九四年の暮れの話である。当時、「ホームページを作る」という行為が即座にイメージできないのは、僕だけではなかったはずだ。

内心かなり焦ってはいたものの、決してそれを顔には出さなかった。

そして当然、「ああ、あのことですね」といった口調で、自信満々にこう答えた。

「わかりました、ちょっと作ってみますね」

一九九四年というのは、パソコン通信からインターネットへ移行する過渡期にあたる。インターネットについての一般的な認知や普及は、ほとんど進んでいなかった。

僕は会社に戻るなり、大急ぎでホームページについて調べまくった。

先輩に聞いたり、書店で買い込んだ関連書籍を読み漁ったりしていくうちに、僕の心はどんどん高揚していった。

こ、こんな世界があったのか！　そこには、圧倒的に自由な世界が横たわっていた。

僕はこうして持ち前のハッタリをかますことで、誰よりも早くインターネットに出合うことができた。
「ハッタリをかましてその後で辻褄を合わせること」は、あらゆる場面で大きな成果をもたらしてくれる。僕はこれを、人生の最高奥義だと思っている。

僕は「ハッタリ」と「その後の辻褄合わせ」によって、大切な局面において人生を大きく前進させ続けてきた。

ただ、「ハッタリをかませ」と聞くと、多くの人は、外に向かって虚勢を張ることを想像するだろう。確かに外に向かってハッタリをかますのは大切なことだ。しかし、いきなり外に向かってハッタリをかませられる人など、そう多くはいないだろう。

その前に、まずは自分自身に向かって「自分ならきっとできる」とハッタリをかまそう。

やってみよう!

JUST DO IT

□ 目の前にチャンスがやってきたとき、「やりたい」と思ったら、あれこれ考えずに「やります!」と即答しよう。

□ 根拠なく自信を持ち、チャンスをつかもう。

□ とにかくまずは、自分にハッタリをかまそう。辻褄なんて、後から合わせればいい。

ノリで動け

22

自分は堀江さんと違って、フジテレビを買おうとしたり、ロケットを打ち上げてみたり、「ハッタリをかます場面に出会わない」「チャンスが来ない」と思っている人もいるかもしれない。でもそう言っている人の多くは、チャンスが来ていることに気がついていない。誰だって等しく一日二四時間を生きているのだ。

チャンスというものは、あらゆる人の前に現れる。それなのに、チャンスをものにできる人とものにできない人がいる。それは、目の前に現れたチャンスに、ノリよく飛びつくことができるかどうかにかかっているのである。

僕は今まで、多くのチャンスをモノにしてきたほうだと自負しているが、これは努めてノリよく振る舞ってきた結果にすぎない。飲みの誘いのような小さなモノにもノリよく飛びついていた結果、出会いや挑戦の規模が次第に大きくなっていったのだ。

しかし、この僕だって、最初からノリのいい人間だったわけでも、ノリのよさが大事だと気づいていたわけでもなかった。

ノリの重要性に気づく大きなきっかけは、大学時代のヒッチハイク経験にあった。同じ寮の友人が、「一緒にヒッチハイクしない？」と誘ってきたのだ。

そのときは別に、ヒッチハイクで自分の性格を変えようとか、殻を破ろうとか、そんな高い目的意識があって行動を起こしたわけではない。ただ「何それ、面白そう！」と思って、勢いにまかせて飛びついただけだった。

結果は、大正解だった。初めて声をかけたときはものすごく緊張したし、断られたときのショックは大きく、何度もくじけそうになった。しかし、懲りずに声をかけ続け、十何人目かの人に乗せてもらえることになったときの感動といったら、何ものにも代え難いほどのものだった。

その後は、自分が怪しい人間でないことをアピールするとか、短距離だけで構わないことや、運転を代わってもいいと伝えるなど、工夫をこらしていくうちに、乗せてもらえる確率がどんどん上がっていった。

「自分の中にこんなに大胆な部分があったとは！」「お金がなくても自由にどこでも好きなところに行けるなんて最高だ！」。そこには圧倒的な喜びがあった。

その後、僕は、北海道を除くほぼすべての都府県を巡るほど、ヒッチハイクの魅力にハマっていった。

元々は人と関わるのがそれほど得意ではなかった僕が、起業後に気後れすることなくどんどん営業に赴くことができたのは、このときの経験があったからこそだ。

僕は、ヒッチハイクによって、引っ込み思案だった自分を変えることができた。

これは、僕がヒッチハイクの話にノリよく飛びついたという、たったそれだけのことから始まっているることなのだ。

ノリのよさがいかに大切かをわかっていない人たちは、「飛びつくべきチャンスかどうか、どうやって見極めればいいでしょう？」などと、的外れなことを聞いてくる。

それこそが愚問である。チャンスを見極める必要なんてないのだ。ちょっとでも面白いと思ったら、すぐさま飛びつけばいい。

新しいことを始めるとき、「面倒くさい」と感じることもあるだろう。しかし、小さな成功体験の前には、必ず小さなチャレンジがある。そのチャレンジなくして、濃厚な体験も感動も得ることはできないのだ。

プレゼンでも舞台でも何でも場慣れだ。どんな練習をするより準備をするより、何度も何度も本番をやっていくうちに慣れていく。

そして、「ノリよく飛びつく」こと自体にも場慣れがある。最初は躊躇しても、いつもいつもノリよく飛びついていたら身体が勝手に反応するようになっていく。

ノリよく行動していると、人との面白い出会いが一気に増える。同じくノリのいい、面白い人たちと出会えるようになるのだ。面白い人と一緒にいると、気の合わない上司や愚痴ばかり口にする同僚のいる会社に行くのがバカバカしくなってくる。

ノリよく行動する人はノリがいいから忙しい。次から次にやることがある。だから他人のことなど気にしない。常に前を向き、自分のことで精いっぱいだ。

僕は、かなり人脈の広いほうだと思っている。ビジネス界はもちろんのこと、経済界、政界、ＩＴ業界、芸能界と、あらゆる分野に知り合いがいる。彼らはみんな面白い人ばかりで、一緒にいてちっとも飽きない。本当に刺激的だ。彼らとの飲み会はまさに、夢のあるハッタリの言い合いだ。誰もつまらないことを言わない。それぞれがマンガの世界の話みたいな壮大なことを言う。

今度美術館を建てる、ＣＤデビューする、ロケットを飛ばす、映画を作る、Ｗ杯で優勝するなどなど、本気でハッタリをかまし合う。一緒にいてワクワクしてしょうがない。刺激を受け、また自分の頭にアイデアが湧いてくる。

まずは、小さなことからでいい。少し面倒くさいな、こわいなと思うこともノリよく飛びついてみよう。

最初に足を踏み出すときはいつだって憂鬱だ。しかし、その最初の一歩の先に果てしない経験が待っているのだ。

やってみよう！
JUST DO IT

□ 今日だけでもノリよく動いてみよう。

□ 目の前にチャンスが来たとき、「これに乗るべきか否か」などと見極めようとしてはいけない。やれ！

□ 「面白そう」「楽しそう」と思った瞬間に動き出そう。

ハッタリは「覚悟」という名の「信用」

23

ハッタリと聞くと、どこか悪いことをしているような気がしてしまう真面目な君に最後に伝えておこう。

ハッタリというのは、相手に大きな驚きを与えて気持ちを引きつけるのと同時に、信用を得るためのツールでもある。

信用というのは、他の人があなたをどう評価するかであり、不確実で主観的なものである。だから、相手に信用してもらうためには、「これだけの価値が自分にはあります」と、積極的にアピールしていく必要がある。

このときに、あなたを大いに助けてくれるのが、「ハッタリ」なのだ。

大学時代、僕はある会社のインターネット事業部でアルバイトをしていた。そこでも僕は、いつだって強気にハッタリをかましていた。

技術的に可能かどうかもわからない案件を引き受けては書店に走り、専門書を読み込んで対応する。そんなことばかりだった。

それは、起業した後も、全く変わらない。

当時、オン・ザ・エッヂでは、ある人に非常勤の技術顧問を務めてもらっていた。月額一五万円という、起業したてにしては結構な額の顧問料ではあったが、技術顧問がいるということが、胎動期の会社を大きく飛躍させる圧倒的な原動力となっていたのだ。

その頃僕は、「技術力の高いＷＥＢ制作会社」を標榜して会社を運営しており、あちらこちらに積極的な売り込みをかけていた。

「技術力があるので何でもできますよ」というスタンスだ。

正直なところ、それは完全なるハッタリであった。実際には、そこまで技術力があったわけではなく、クライアントからの要望の多くを、無理難題のように感じていた。その仕事をやるにはどの技術が必要なのかさえわからない、そんな依頼も数多くあった。

それでも僕は、「できません」とは決して言わなかった。

「大丈夫です。できますよ」

と、臆面もなく答え、仕事をすべて引き受けた。

そして、仕事を受けると、すぐさま会社に飛んで帰り、技術顧問に連絡。「こういう依頼があったんですけど、どうしたらいいですか？」と、今後の進め方を事細かに確認する。対応の方針さえわかったら、あとは書店に飛んでいって、それを実現するために必要な技術を専門書で調べ、必死に手を動かすだけだった。

これは、かなり危なっかしいやり方に見えるかもしれない。しかし、この方法は功を奏し、受けた案件は、すべて無事に完成させることができた。

こうして、オン・ザ・エッヂは競合他社では受けられなかった仕事をどんどん受注し、守備範囲を大きく広げていった。これこそが、僕の会社が他社を抑えて、ありえない角度の成長カーブを描いて急伸することができた最大の秘訣である。

ここでいう信用とは「できます」と断言する「覚悟」のことを言う。僕はいつも大量の案件を抱えているから、多くの知り合いに仕事を投げまくる。その際に「できるかわかりません」「検討します」とレスをしてくる人には正直冷めてしまう。

しかし元気よく「やります」「できます」と答える人にはまたお願いしようと思う。

ハッタリとはできると言い切って、辻褄を合わせる「覚悟」のことを言うのだ。
そして、それが一〇も一〇〇も積み重なると「信用」に変わる。

やってみよう!

JUST DO IT

□ やり切るという覚悟を持とう。

□ 「考えます」などと言ってはいけない。

□ ハッタリが人も会社も成長させる。躊躇せず、ハッタリをかまそう。

第7章

「努力」という
最大のカラクリ

人生の中の足し算と掛け算

24

「ハッタリをかまして生きる」ということを考えるとき、最後に伝えておかなければならない大切なことがある。

それは、人生における足し算と掛け算の話である。

あるとき、メルマガ読者から「どうしたら簡単に成功できますか？」というとても率直な質問が届いた。誰しも一度は、「ラクして成功したい」と思ったことがあるだろう。

しかし、目先の苦労を避けることはできない。ラクができる状況のようなものは、大きな苦労をした先にこそ待っているものだからだ。

周りの人から「苦労しているな」と思われるようなことをとことんやって、その先にあるラクをつかんでいく、というのがむしろ正解なのである。

仕事や人生においてラクをすることを、僕は「掛け算を使う」と言っている。普通なら足し算を使い、一〇+一〇で二〇の成果を出すところを、掛け算なら一〇×一〇で一〇〇の成果を出すことができる。同じ時間、同じ費用、同じ労力であっても、結果には大きな差が生まれることになる。

これが、事あるごとに言い続けてきた「掛け算によるショートカット」だ。このショートカットの爆発力はすさまじい。しかし、この掛け算の土台を、実は「足し算」という下積みが支えていることを忘れてはいけない。

大事なことは、最初から掛け算が使えるわけではないということだ。

スタート地点は誰だってゼロなのだから、いくら掛け算をしたところで、出てくる答えはゼロのままなのだ。

まずは、このゼロを一、二、三と一つ一つ積み上げ、掛け算のベースとなる値を獲得しなければいけない。他力を使って掛け算する前に、足し算でまず自力を底上げしておくのだ。

同じ三を掛けるにしても、二×三よりも五×三のほうが答えは大きい。元の自力が二なのか五なのか一〇なのかによって、結果は何倍も違ってくる。ゼロから一へ、そして二へ三へ、できることなら五とか一〇まで、自力をどんどん積み重ねていこう。

今の僕があるのは、小さな成功体験を積み重ね、自分の殻を打ち破ってきたからだ。何者でもなかった自分を、少しずつ更新してきた。もちろん、一夜のうちに変わったわけではない。すべて、地道な足し算の結果にすぎないのだ。

インターネットの可能性に気づき、ライブドアを打ち立て、起業家として世に知られる存在となった。

そこまでは、圧倒的な努力による完全な足し算でしかなかった。僕の人生で掛け算が始まったのはこの後だ。一つのことに集中して成功を収め、名の知れた人物になってしまえば、それからはどんどん掛け算が可能になっていく。ここまでくれば、「できないことは何もない」と思えるほどになる。その境地にたどり着くまでは、とことん没入して一つのことに集中しなければならないのだ。

ライブドア事件の頃、よく「堀江は卑怯な方法を使って成功したんだ」などと言われていた。しかし僕は、何も特別なことをしているわけではない。誰にだってできることをただただ愚直にやり続けているだけだ。そうやって得たものが、今の僕であり、この圧倒的に自由な毎日なのである。

本気で努力をする人は意外といない。大体が六五点ぐらいまで。一〇〇点までやる人なんてほとんどいない。そして一二〇点までやり切る人間は皆無だ。だからこそ「努力」はコスパがいい。ハッタリをできるだけ大きな花火にするために、努力という最大のカラクリを仕込んでおくのだ。

やってみよう！
JUST DO IT

□ 人生において、足し算と掛け算を意識しよう。

□ 「ラクができるのは努力の後」だと知っておこう。

□ 掛け算をする前に、まずは足し算で実力をつけよう。

「努力」が楽しくないうちはあまい

25

「努力」と聞くと、何だか面倒だなと思うかもしれない。

しかし本当の努力は楽しいものだ。逆に言うと楽しくない努力をしているようだとまだまだ甘い。

どうやったら努力が楽しくなるか。

「堀江さんはとんでもない努力家ですね」「これほどの働き者は見たことありません」などと、よく言われる。しかし正直なところ、あまりピンときていない。自分は努力家だという自覚がないからだろうと思う。

確かに僕はいまだに、今日より明日のほうが少しでも改善できているように、毎日毎日努力し続けている。この地道な努力こそが、足し算になる。

ここは、結構泥臭い部分だ。

二〇一三年九月三日から現在まで、僕は毎日、ユーチューブ「ホリエモンチャンネル」で動画を配信し続けている。始めたばかりの頃は、再生回数なんて寂しいものだった。しかし、今ではチャンネル登録数二五万人を誇る大きなメディアに育っている（二〇一九年五月一五日現在）。

人気ユーチューバーのヒカキンから「最初は少ないけど、二年くらい頑張って登録者数が五万人を超えてくると、そこから一気に増えます」と言われたから、素直に毎日動画を配信し続けただけだ。

GLAYのボーカル、TERUさんが僕のチャンネルに「出演したい」と言ってくれたことで、好きな人たちとの対談放送も配信できたりした。

こうして、楽しみながら地道に続けていくことで、価値を積み上げていくことができる。これこそが、足し算の力だ。

今僕は、いろいろな人とコラボしながら、有料メルマガに、オンラインサロンに、ロケットビジネスに、とあれこれ手を広げている。これも最初の積み重ねがあってこそ。地道な足し算をしてきたお陰で、今、僕は掛け算を使いこなせるようになっているだけだ。

努力をしているときは苦しいわけではない。もちろん秒単位のスケジュールでいっぱいいっぱいになったり、寝袋生活でいつだって眠かったりするかもしれない。

しかし、それは最高に楽しい瞬間だ。周りから見たらしんどそうかもしれないが、本人はゾーンに入っていて夢中になっているだけだ。

どうしたら、もっとうまくいくだろう、どうやったら成果が出せるだろう。昨日より今日をよくするために、トライ・アンド・エラーをし続ける。

いま努力がつらくても、焦らなくて大丈夫。「努力」が楽しくなるのは、少し自分が得意になってからだ。

自転車に乗れない子どもは自転車が楽しいとは思わない。最初は転んだり、倒れたりしながら、何とか乗り方を覚える。そして、ある程度勝手がわかってくると、そこから楽しくなってくるのだ。

今の仕事が自分に合わないから転職をする。それでもいいだろう。しかし、数カ月後、また同じ理由で転職をしている人もいる。それは仕事がつまらないのではなく、仕事ができないだけなのだ。仕事はある程度できるようにならないと面白くならない。ゲームだって何だって最初は地道なレベル上げだろう。でもレベルが上がって自分が強くなっていくとドンドン面白くなっていく。成功することより成長することが楽しくなっていく。

だから、まずはガムシャラに徹底的に、とことんやり切って、自分のレベルを上げてみることだ。

この「努力の型」を持っていれば、それを横展開させていくことが可能だ。僕は、いろんなことを楽しんでいるだけのように見えるかもしれないが、まずは八〇点くらい取れるようにガッと努力する型を持っているからだ。楽しくなってさえしまえば、一二〇点までは突き抜けられる。楽しくなるまで、一回「努力」をしてみよう。

やってみよう！

JUST DO IT

□ 目の前のことに、猿のようにハマり続けよう。

□ スタートアップ時は、八〇点取るまでガムシャラに働こう。

□ 成功への道のりは、最初はコツコツ、後から一気に加速する。まずは焦らず積み上げよう。

「大人」になんてならなくていい

26

僕はこれまで何度となく「大人になれよ」と言われてきた。彼らが言う〝大人〟とは、周りの空気を読んで自分の意見を押しとどめ、その状況を無理やり納得するために、自ら進んで思考停止のプロセスに入っていける人のことだ。そんな〝大人〟たちが、「大人になれよ」と僕にまで同調圧力をかけてくる。

ライブドア事件の後、「村上ファンドの村上世彰《よしあき》さんみたいに、世間にきちんと詫びを入れていたら、許してもらえたんじゃないか」と言われた。これは、全くその通りだと思う。

村上さんは、ニッポン放送株についてインサイダー取引をしていたということで逮捕された。控訴審で、村上さんは三年の執行猶予付きの判決であった。一方、僕は懲役二年六カ月の実刑判決。この差は、僕が反省の態度を示さなかったことからきているのだろう。

親しい人からも、こんなことを言われた。「堀江自身が詫びる必要はないけれど、多くの人が誤解しているホリエモンのイメージとして、「お詫びしなさい」と。

複雑でちょっとわかりにくい構図だけれど、それが正しいやり方なのだと思う。つまり、パフォーマンスとして詫びを入れておけ、ということだ。

頭では理解できていたけれど、絶対にやりたくなかった。悪いことを何もしていないのに頭を下げるだなんて、皮膚感覚的にイヤなのだ。村上さんはそこを演じられる人なのだが、僕にはそれができなかった。

一度自分に嘘をついたら一生自分に嘘をつき続けなければいけなくなる。どんどん自分が自分ではなくなっていってしまう。そんな不自由な生き方はしたくない。

あのとき頭を下げることができなかった僕は、自分が築いてきた会社も、地位や名声も、根こそぎ失ってしまった。しかし、僕は全く後悔していない。もし、あそこで僕が「大人」になり、謝っていたら、その後悔は一生ついて回っただろう。

「大人になれ。後で便宜をはかってやるから」という交換条件を出し、相手から「イヤ」という感覚を奪っていく。これはとても危険な洗脳である。皮膚感覚でイヤなものは、断固として断るべきだ。

僕に人と違うところがあるとすれば、それは「折れない」ことである。

少年時代、僕は普通の田舎で育ち、普通の小学校に通っていた。世間的な殻に閉じ込められ、意味のわからない我慢を強いられてきた。

多くの人はそこで、折れてしまう。妥協してしまう。抵抗するのは疲れるし、言われた通りのことをやっているほうが、ずっとラクだから。

しかし僕は、自分の意志で殻を突き破ってきた。我慢も遠慮もしない。正しいと思うこと、好きなことを、ただひたすらやり続けた。

もちろん、たくさん叱られたし、批判もされた。でも、そんなことは気にしない。「人はいろいろ言うけれど、そのうち飽きる」「他人は自分になんて興味がない」ということが、わかっていたからだ。

折れずに、前に進む。周囲の声なんかに振り回されず、好きなことだけをやり続ける。結果的に、そうしていたほうが何事もうまくいった。

自分が目指しているレベルには、まだまだとても到達していない。それでも、社会的には「成功者」と呼ばれるようなところまで来ることができた。安易に折れていたら、きっと多くのものを失っていただろうと、本気で僕はそう思っている。

だから、僕はあなたにも「好きを貫くこと」を諦めないでほしいと思う。

本書で語った通り、これからは労働がオワコンになり「遊び」の時代になる。

そこでは、「大人」になってしまった退屈な人は価値を生まない。バカ丸出しでボケ続ける「子ども」こそが魅力を放っていく。お金より大切な共感や応援を得るようになってくる。人生は短い。せっかくなので、人を揶揄したり、揚げ足をとったりして、舞台の袖から石を投げる人生はやめにしよう。舞台のド真ん中に立ち、堂々とハッタリをかまして生きていこう。

できないことは、何もない。

さあ、行動だ。

やってみよう！
JUST DO IT

- □ 本能のままに生きよう。
- □ 周囲の声に振り回されてはいけない。
- □ 舞台のド真ん中でハッタリをかまそう。

おわりに　ハッタリかまして生きていこう

二〇一九年五月四日、僕が創業したインターステラテクノロジズ株式会社の観測ロケットが宇宙空間に到達した。

これは民間企業が単独で開発・製造したロケットを宇宙空間まで打上げた国内初の事例として、テレビでも大きく報道された。

このような大きな達成に至ったのは、昔から小さなハッタリをかまし続け、それが積み重なったからに他ならない。

インターネットの可能性に魅了されて起業し、できもしない発注をその場で「できます」とハッタリで受け、そこから必死で勉強をしてどうにか辻褄を合わせてきた。

あの当時ハッタリをかまさず、「自分にはまだ実力が足りないから……」と身の丈に合った仕事をしていたら、今の僕は存在しないだろう。

ライブドアを営業利益世界一にすると宣言したり、テレビ局を買うと言ったり、選挙に立候補したり、その当時まわりの度肝を抜くようなことを常に叫び続け、世間の注目を浴びてきた。それと同時に、裏では圧倒的に努力し、必死に辻褄を合わせてきた。そのスピードが速すぎたため顰蹙を買った。遂には逮捕までされ、一度は地に落ちた。しかし、ライブドア事件の前から仕込んでいた小さな小さなハッタリであるロケット開発が、今年ようやく実を結んだのだ。

本田圭佑選手がワールドカップで優勝すると言ったり、西野亮廣くんが十何億円もかけて美術館を作ると言ったり。今若い人から強烈な人気があり共感を得ているのは「そんなの無理だろう」と思うようなハッタリをポジティブに世間に発信している人たちだ。

なぜ人間の能力はそれほど変わらないのに、宇宙空間にまで到達するような人とそうではない人とに分かれるのか？

その差は、何者でもない段階から自分の実力以上の期待を集め、集めてしまった期待を裏切らないように、辻褄を合わせるために人知れず「努力」という作業を今日も明日も繰り返しているかどうかだ。

今できないことを、やれると言い切る。そして、挑戦していく。

今の自分の実力に見合った仕事をずっと続けていても成長はない。突き抜けることはできない。こんなのはできないだろうということを、その時点ではハッタリであっても未来の自分はできるはずとバカ正直に信じて、青臭く覚悟を決めて「できます」と言い切ってしまう。そして、なんとか着地してみせる。

一度着地に成功すれば「こいつは凄い」とまた実力以上の期待が集まる。そして、またその期待を上回るよう、さらにハッタリをかましてなんとかやりきってしまう。

これを十も百も千も積み重ねると、振り向いたときに他の人とは圧倒的な差が生まれている。ハッタリがハッタリでなくなる。壮大な夢が現実になり、誰もがバカにしていた未来が実現される。

ＳＮＳで大きな挑戦をしている人を揶揄したり、笑ったりする人がたくさんいる。しかし、舞台に立っている人を笑っている観客は、人生の大事な時間を人に使っている。一方、舞台に立って周りから笑われている人は、その他人の時間を自分が吸収している。だからこそとんでもないスピードで進化していくのだ。

今の時代はハッタリをかませば共感を得られるし、お金も人もついてくる。その方法や心構えは本書に書いたとおりだ。

こんなに挑戦することのコスパがいい時代はない。

舞台の中心に立って周りから笑われながら、詐欺師だとバカにされながら、それでも大きなハッタリをかまして生きていこう。僕も、読者のみんなが腰を抜かしてしまうようなハッタリを、まだまだかまし続けるつもりだ。

共に頑張ろう。

＊　＊　＊

本書でもNewsPicks Bookの『実験思考』（光本勇介）で採用された「価格自由」というサイトを利用しようと思う。

『ハッタリの流儀』が面白いと思った読者は次のページのQRコードから後払いで課金をしてくれると嬉しい。

読書は読書で終わらせてしまったら意味がない。行動するためのきっかけにしてほしい。いくつかリターンを用意したので是非アクセスしてみてもらいたい。

本書を通じて、ハッタリをかまして、大きな夢を実現する人たちがたくさん出てきたら、それに勝る喜びはない。

二〇一九年六月　堀江貴文

価格自由

読者の方がこの本に
どのくらいの対価を支払ってくださっているか、
リアルタイムで見ることができます！
一緒に実験を楽しみましょう！

https://hattari.jp/QR/

※この実験は予告なく終了させていただく場合がございます。
予めご了承ください。

装幀
トサカデザイン（戸倉 巌、小酒保子）

写真
小嶋晋介

撮影協力
越河はるか（箕輪編集室）

編集協力
編集集団WawW! Publishing 乙丸益伸

ブックライター
稲田和絵
よだかえ
篠原 舞（箕輪編集室）

編集
箕輪厚介（幻冬舎）
山口奈緒子（幻冬舎）

協力
HIU（堀江貴文イノベーション大学校）
金田光生
鯉渕幸生
近藤祐一
杉山有子
鈴木貴子
蒔苗太一
三好健太郎

ハッタリの流儀
ソーシャル時代の新貨幣である「影響力」と「信用」を集める方法

2019年7月10日　第1刷発行

著者
堀江貴文
発行者
見城 徹
発行所
株式会社 幻冬舎
〒151-0051 東京都渋谷区千駄ヶ谷4-9-7
電話　03(5411)6211［編集］
　　　03(5411)6222［営業］
振替　00120-8-767643
印刷・製本所
中央精版印刷株式会社

ISBN978-4-344-03489-1　C0095
幻冬舎ホームページアドレス
https://www.gentosha.co.jp/

この本に関するご意見・ご感想をメールで
お寄せいただく場合は、
comment@gentosha.co.jpまで。